VON HIER BIS HIER

VON HIER BIS HIER

RUDOLF KLEY WIRD SIEBZIG

Ausstellung in der Kulturwerkstatt Meiderich
Januar 2017

edition kulturwerkstatt

Von Hier bis Hier
Rudolf Kley wird siebzig
edition kulturwerkstatt
Produced by Transmedia Publishing
ISBN 978-3-942961-20-2
© 2017 Verlag Klaus Happel, Duisburg

Inhalt

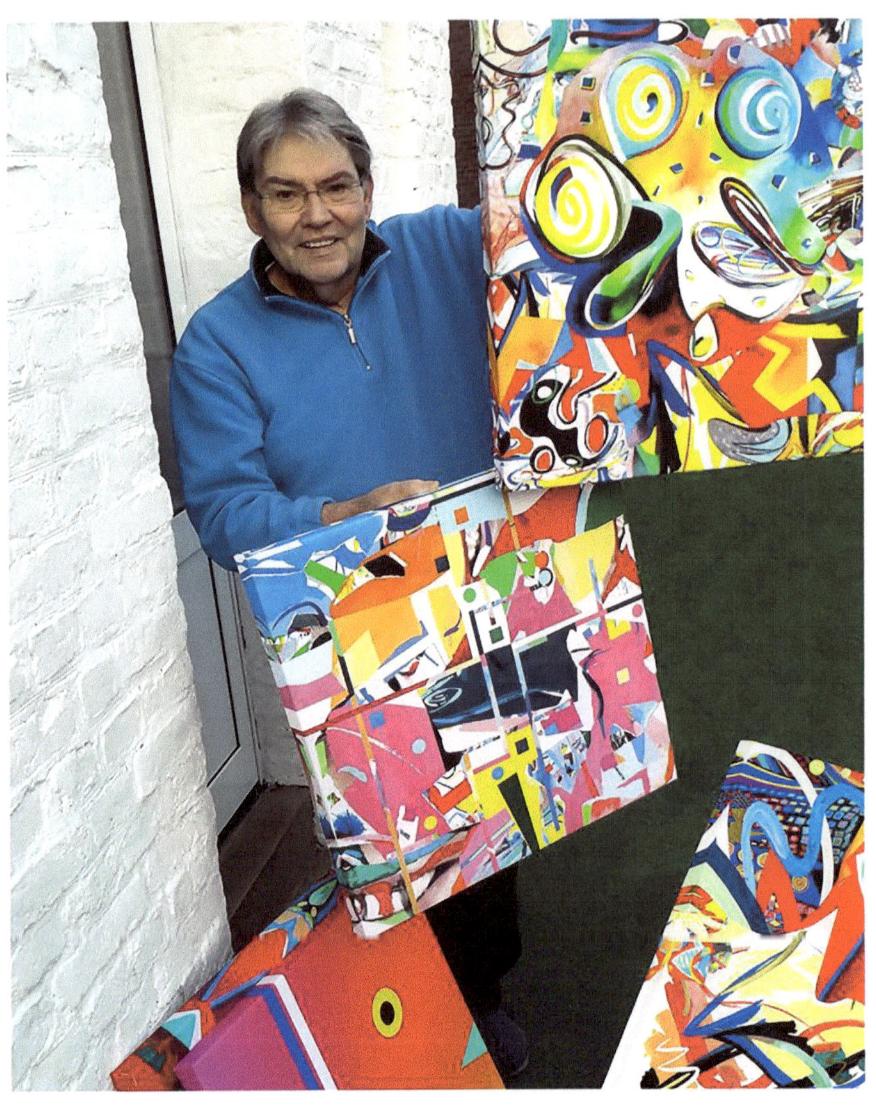

Rudolf Kley präsentiert Grafiken aus seinem siebzigsten Jahr (2016)

Einleitung

Vor 35 Jahren habe ich bereits einmal am gleichen Ort eine Ausstellung meiner Bilder eröffnet. Sie war größer, da die Raume der vorgelagerten Galerie 77 einbezogen worden waren. Damals hatte ich Dr. Jürgen Schilling, Direktor des Braunschweiger Kunstvereins, darum gebeten die Eröffnungsrede zu halten. Sein Buch *Aktionskunst, Identität von Kunst und Leben*, war mir eine sehr große Hilfe ein Jahr zuvor gewesen bei meiner ersten Aktion 1981, die den Vereinbarungscharakter von Kunst zum Thema hatte. Nach einem längeren Briefwechsel kam Jürgen Schilling am Eröffnungsabend als Besucher aus Braunschweig.

Was die Eröffnungsrede anging, war er der Überzeugung: „Ich glaube, dass die in Ihrem Schreiben enthaltenen Gedanken intensivere Aussagekraft über ihr Anliegen haben, als die Worte eines anderen Redners."

Damals wie dieses Mal folgte ich seinem Rat und eröffnete meine Ausstellung selbst.

Die in 2017 ausgestellten Bilder umfassen den Zeitraum von 2012 bis heute, genauer gesagt bis zu meinem 70. Geburtstag im Dezember 2016. Es sind überwiegend Drucke auf Leinwand. Sehr farbig.

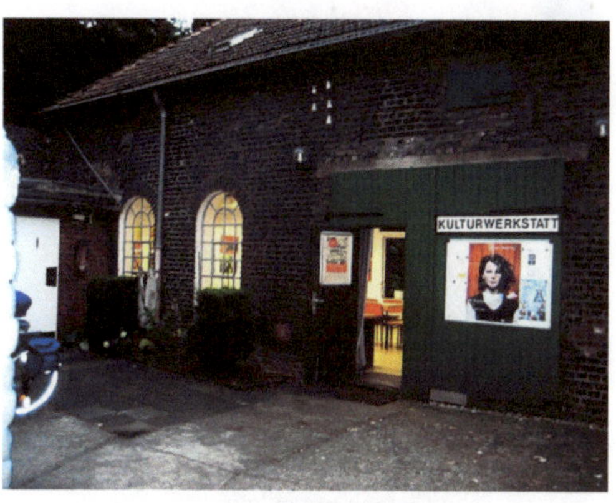

Kulturwerkstatt Meiderich

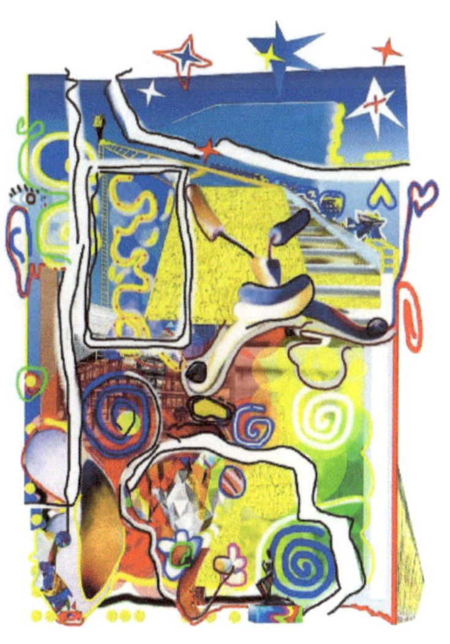

Forum Duisburg
Grafik auf Leinwand, 60 x 80 cm

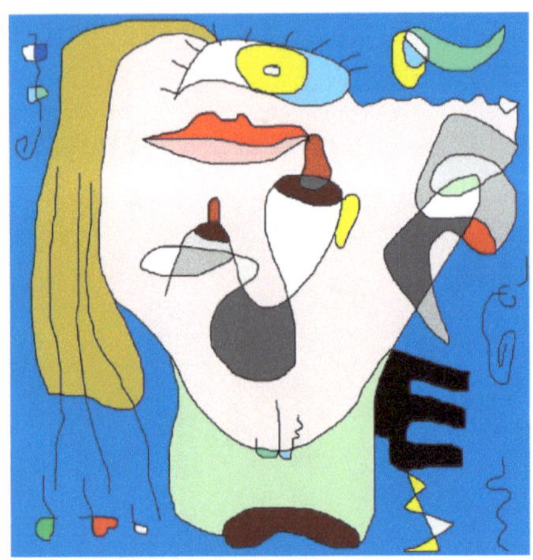

Einfach nur vulgär
Grafik 244 (2016), 60 x 60 cm

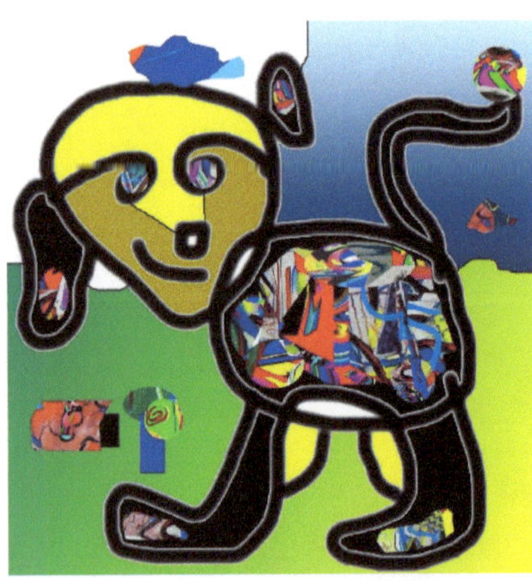

Hund im Vorübergehen
Grafik 209 (2016), 60 x 60 cm

Kinder würden sie bunt nennen – mit Recht. Oft sind fast alle Farben des Farbspektrums auf der Bildoberfläche versammelt.

Bunt ist für mich allerdings kein Schimpfwort. Es gibt kein Gesetz, das bestimmt, dass Bilder nicht bunt sein dürfen und sie deshalb automatisch qualitativ abgewertet werden müssten.

Warum dürfen Bilder nicht auch dekorativ sein?

Die Grenze von Kunst zu Kitsch wird für manchen in der Kunst schon lange überschritten. Denken Sie nur an Jeff Koons. Vielleicht wird auf manchen Kunstakademien auch noch gelehrt, dass Bilder grau oder braun und gedämpft sein müssen. Daran verschwende ich keine Gedanken. Die Farben lasse ich einfach für sich und damit auch für mich sprechen. Sie stehen nicht wahllos durcheinander. Ich setzte sie bewusst nebeneinander und wäge jedes Mal sorgfältig ab, was ich da mache. Aber auch die Spontanität und der Zufall kommen nicht zu kurz. Alles zu seiner Zeit.

Mit der Zeit kann man inzwischen auch die Zugehörigkeit der Bilder zu mir erkennen, ohne dass ich bewusst Einfluss darauf genommen habe. Eigentlich hasse ich ja feste Handschriften bei Künstlern. Sie können Zeugnis von Stillstand ablegen, die

Wiederholung eines Markenzeichens sein. Denn es gibt da ja noch den Einfluss des Kunstmarktes, der Galeristen, Institutionen, Preisgerichte usw. auf die Künstler. Da dies aber nichts mit mir und meinem Werk zu tun hat, gehe ich an dieser Stelle auch nicht weiter darauf ein.

Bei meinen Ausführungen beschränke ich mich auf das, was Sie hier sehen können. Den Zeitraum der Entstehung der Bilder hatte ich bereit genannt. 2012-2016. Aber in den Bildern steckt noch mehr Zeitgeschichte. Es handelt sich hier in der Regel um digitale Kollagen. Um die Entstehungsgeschichte zu demonstrieren, habe ich einige herkömmliche Bilder, Kollagen integriert.

Vor vier Jahren habe ich als Bildträger Plakate eingesetzt, die während des Wahlkampfes 2012 entstanden waren, in dem ich ebenfalls kandidierte, als es darum ging, den Oberbürgermeister von Duisburg neu zu wählen, nachdem der Amtsinhaber, Adolf Sauerland, aufgrund der Loveparade-Katastrophe abgewählt worden war.

Die Zähne habe ich auf allen Bildern frei gelassen. Sie sollten dadurch einen bissigen Charakter erhalten. Als Gegensatz zu der Selbstgefälligkeit der Wahlsieger, die den Sieg feierten und Runden ausgaben statt Stille zu bewahren.

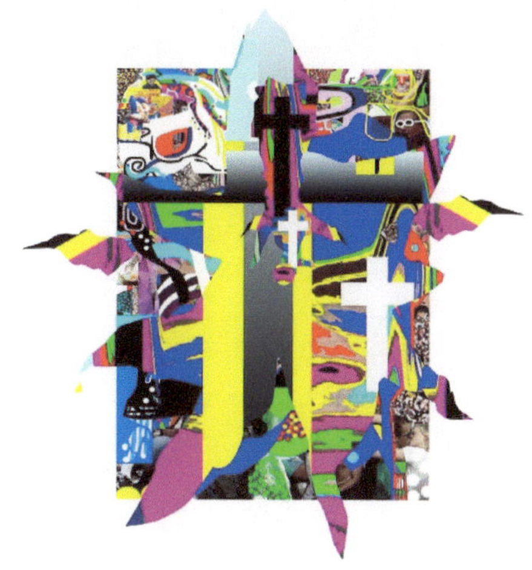

Love du Tod
Grafik (2011), 60 x 80 cm

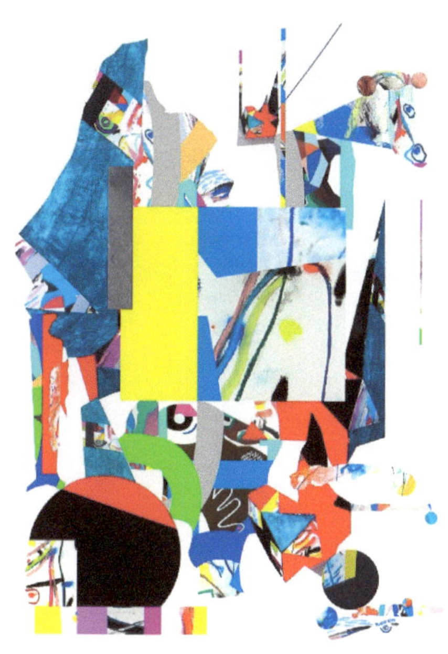

Liebe bleibt
Grafik (2011), 60 x 80 cm

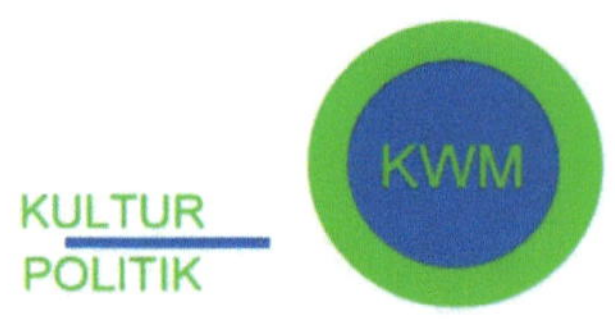

Damals habe ich das so empfunden, als würde man auf das Grab der Opfer pinkeln. Schöne Reden zu den Jahrestagen der Katastrophe konnten dies für mich nicht wettmachen. Die Art und Weise, wie die Toten der Loveparade politisch missbraucht wurden, hat mir ebenso wenig gefallen, wie die „hartherzig" erscheinende Reaktion der Stadtspitze, die fehlende menschliche, städtische Anteilnahme.

Ich erwähne dies nur, weil es ist ein gutes Beispiel dafür ist, welchen Einfluss äußere Ereignisse auf die künstlerische Arbeit haben können. Sonst gäbe es diese Serie „Zähne" nicht, die auch Illustrationen für ein Forum „Kunst trifft Politik" in der Kulturwerkstatt Meiderich sein sollten, das hochkarätig besetzt war. Im letzten Moment wurde dieses Forum abgesetzt.

Da hat dann tatsächlich die Politik die Kunst stark getroffen. Da hatten einige wichtige Leute wohl Angst, die Wahrheit zu hören. Zugesagt hatte auch der Gründer der Abwahlinitiative, Werner Hüsken.

Eine kleine Auswahl der Bilder ist jedoch jetzt hier, und sie erlaubt vielleicht einen gewissen Eindruck von der in diesem Zusammenhang seinerzeit geplanten Ausstellung, ebenso wie auch der von mir gestaltete Kalender für das Jahr 2013.

Das große Bild mit dem Titel „Das mehrmalige Lächeln der Rudi Lisa" enthält Ausschnitte aus den Plakatbildern mit meinen Zähnen und war seinerzeit zum Forum als Blickfang gedacht. Heute hängt es hier.

Der Titel „VON HIER BIS HIER" erweist sich auch an dieser Stelle als gültig. Ersatzweise und anstelle des geplanten Forums habe ich dann mit dem Kalender meine Meinung zum Ausdruck gebracht. Man beachte die letzte Seite des Kalenders.

Einige der Bilder waren Teil meiner Ausstellung 2014 in der Filiale der Deutschen Bank auf der Königstraße in Duisburg unter dem Titel „Fortsetzung der Malerei".

In Gedanken hatte ich „mit anderen Mitteln" dazugesetzt. Die Bilder existieren nämlich nur als Dateien auf meinem Computer. Ausgedruckt sind sie alle gleichwertig. Es sind jedenfalls keine Reproduktionen im herkömmlichen Sinne, keine Fotografien von einem Original.

Nicht nur nach meinem Verständnis ist damit jeder Druck eine Originalgrafik. Ebenso haben Fotografien inzwischen mit Recht ihren festen Platz auf dem Kunstmarkt zu Preisen, die längst die Million-Euro-Grenze überschritten haben.

Auch deshalb kann man meiner Druckgrafik ihren Wert nicht absprechen, vor allen Dingen dann nicht,

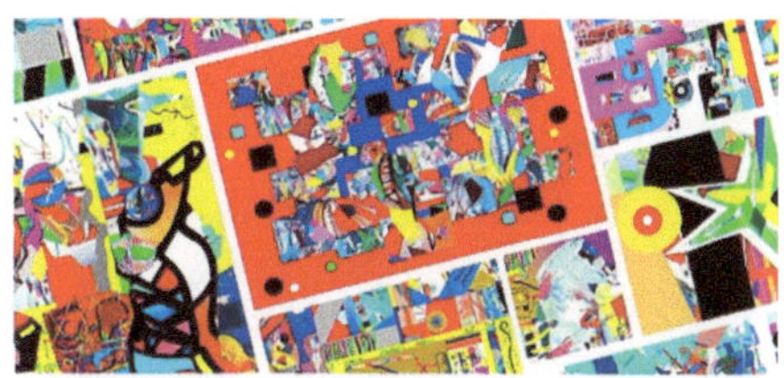

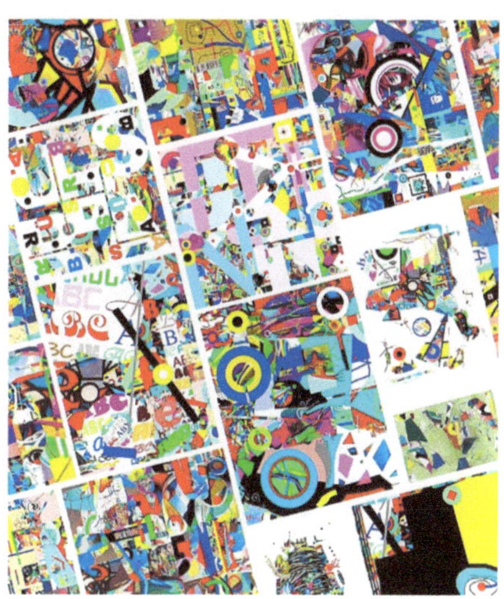

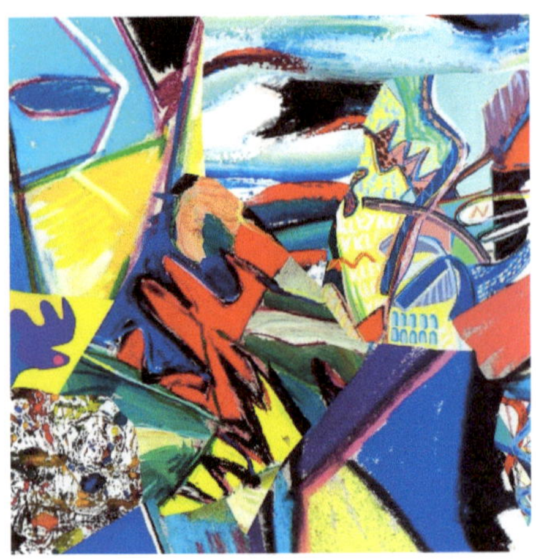

Die Wüste lebt
Grafik 335 (2016), 60 x 60 cm

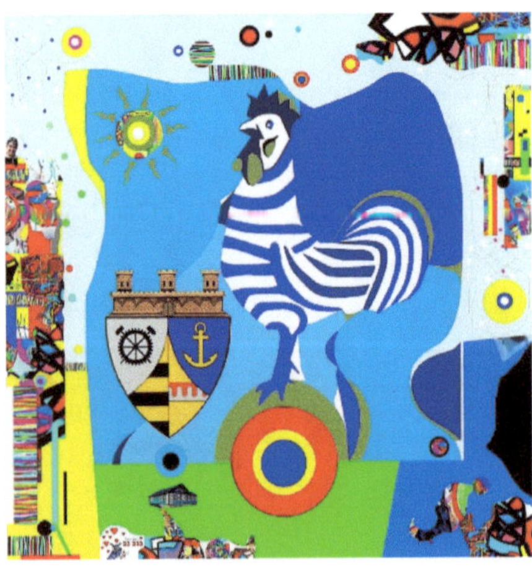

Meidericher Hahn (2014)

wenn die Auflage limitiert ist. Damit wird Kunst für viele erst erschwinglich. Jedes Bild ist datiert und handsigniert.

Was die Titel der Bilder angeht, rate ich dazu, sie nicht als irgendwie geartete Angabe zum Bildinhalt zu begreifen. Sie dienen nur dazu, die Bilder möglichst unverwechselbar zu machen.

Es gibt aber auch Ausnahmen, wie z.B. den Meidericher Hahn im Zebra-Trikot des MSV Duisburg.

Anders war dies auch bei meinem Guinnessrekordwerk 1985, der längsten abstrakten Bildfolge anlässlich des Duisburger Stadtjubiläums. Da waren die Bildtitel selbst Kollagen Duisburger Stadtgeschichte.

Darunter waren Titel wie „Beleuchtung Karl des Kahlen defekt!" oder auch „Weißer Wal verirrt sich an Ampel!"

Auf der Grafik „Hafenruhm", die ich zum letztjährigen Hafenjubiläum gemacht habe, kann man diesen weißen Wal und die Ampel erkennen. Auf dem zugehörigen „Stattmeterbild" eben nicht. Stattmeterbild mit Doppel-T ist richtig. Es kommt von „statt".

Statt Stadtgeschichte zu illustrieren sollte das Werk selbst ein wenig Stadtgeschichte machen und diesen Teil durch seine Existenz illustrieren.

Deshalb habe ich dieses Marathonwerk immer als Plädoyer für die Freiheit meiner Malerei verstanden.

Die quadratischen Bilder in der Größe 60 x 60 cm in dieser Ausstellung sind Teil der 366 Bilder, die ich in meinem 70. Lebensjahr geschaffen habe. Eines für jeden Tag.

Bis auf das Bild mit dem Titel „Leitbild mit olympischen Ringen" dass zum Apothekertag 2012 entstand, ist der Weg zu meinen Grafiken fast immer der gleiche. Fragmente meiner digitalisierten Gemälde, Zeichnungen etc. werden zu neuen Bildern, Kollagen zusammen gefügt. Manchmal zeichne ich in ihnen noch herum oder füge meist farbige Flächen hinzu. Damit reicht die Entstehung dieser Bilder zeitlich deutlich über ihr Entstehungsdatum hinaus oder zurück in die Vergangenheit. Sie sind Teil einer sehr speziellen Retrospektive. Manchmal entstehen diese Bilder aber sozusagen auch aus dem geschichtlichen Nichts. Dann ist jedes Teil neu, z.B. bei dem Bild mit dem Titel „Kleiner Miesmacher". Irgendetwas wird meist recycelt bzw. man kann dies nie so ganz ausschließen. Das Schöne an der Kunst ist, sie befolgt nur die Regeln des Künstlers. Wenn er ja sagt, dann ist es ja. Wenn er zu der gleichen Angelegenheit oder Sache im nächsten Moment nein sagt, dann heißt es Nein. Kunst ist unberechenbar.

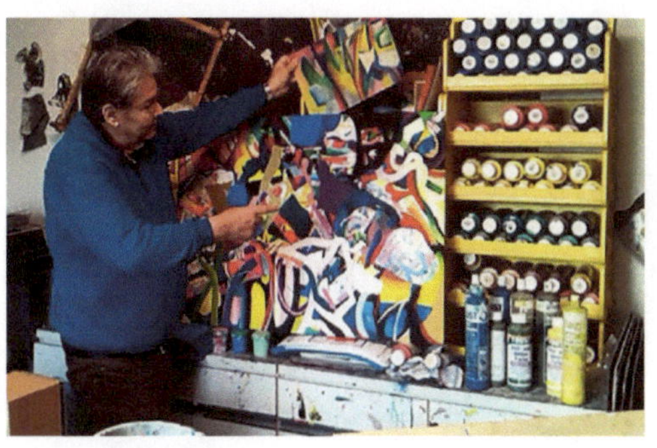

Rudolf Kley in seinem Atelier (2016)

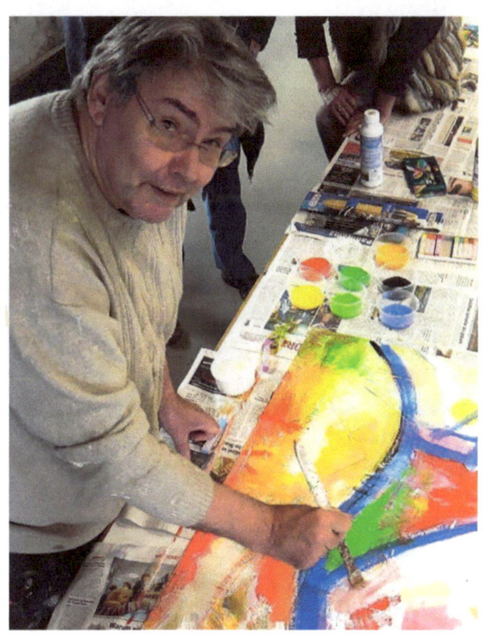

Kulturwerkstatt
Offenes Atelier (2016)

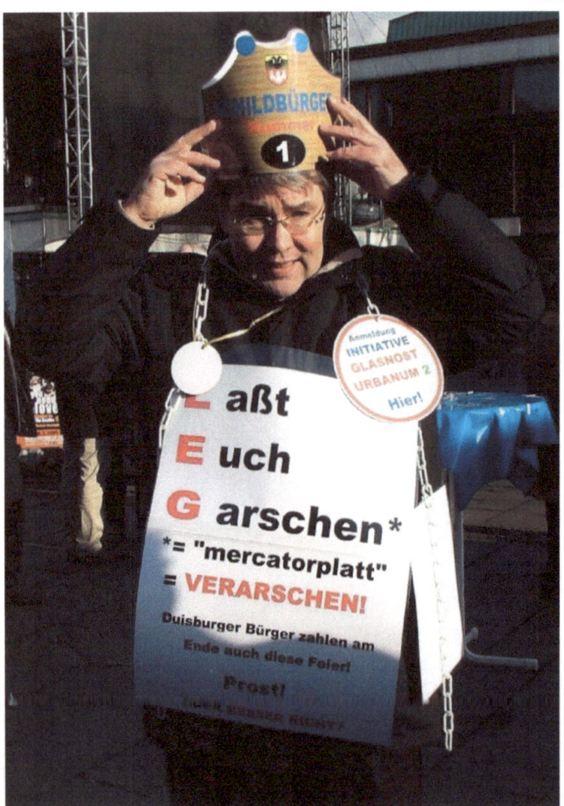

Widerstand gegen den Abriss
der Mercatorhalle (2005)

Das ist aber auch das Einzige, was Kunst mit dem Kunstmarkt gemeinsam hat. Diese Unberechenbarkeit macht ihren Reiz aus. Was ich morgen male, weiß ich heute noch nicht. Aber ich bin darauf neugierig und möchte am liebsten den Pinsel gleich in die Hand nehmen. Diese Neugier treibt mich an. Ich möchte nicht schließen ohne einen Artikel zu zitieren, der mir aus der Seele gesprochen hat. Bei jedem Lesen, auch jetzt nach fast 35 Jahren habe ich das Gefühl, da hat mich jemand verstanden.

Irmgard Bernrieder am 23.10.1982 in der Rheinischen Post: „Die widersprüchlichen Neigungen des Kunst-Apothekers fürs spielerisch Zufällige und fürs intellektuell Abgezirkelte bringen Ergebnisse hervor, denen man mit gemischten Gefühlen, nicht aber unbeeindruckt gegenübersteht. Die durchgängig zu beobachtete Spitzbübigkeit und gerade seine laufende Aktion des Kunst-Meters lassen vermuten, dass er nur zu gut weiß, dass die Paarung der "idealen" Kunst mit der quantitativen Welt der Maßeinheiten ebenso viel über den Zustand der heutigen Kunst wie über unsere Zeit aussagt."

Rudolf Kley

Rudolf Kley   Von Hier bis Hier

DIE BILDER DER AUSSTELLUNG

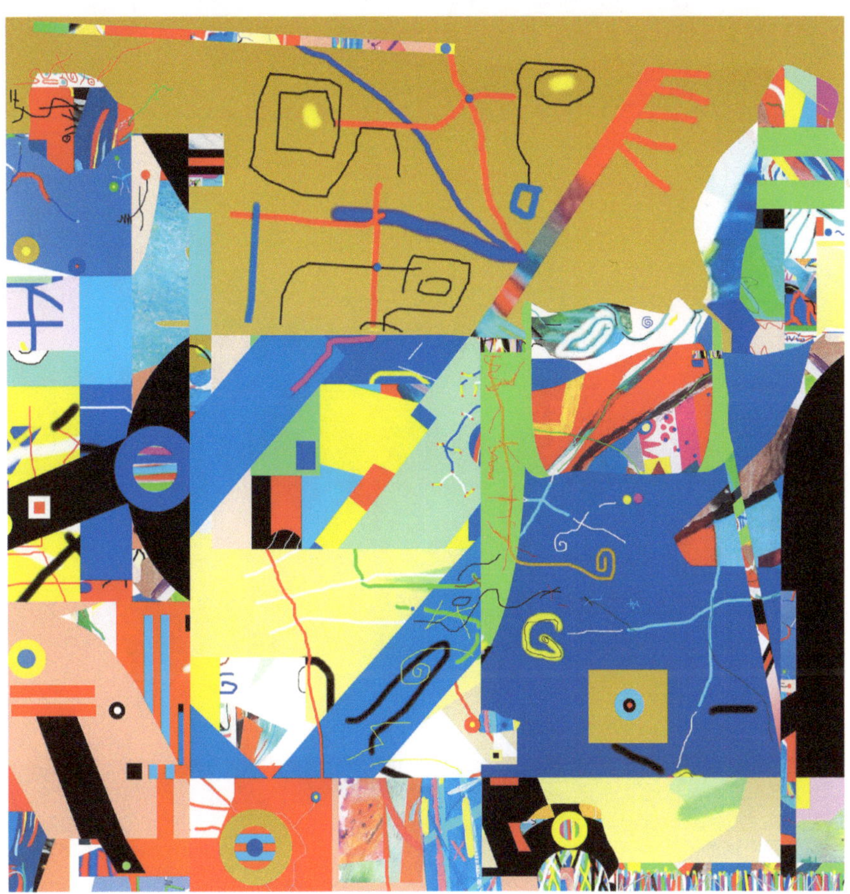

1   Lebensbaum mit tiefer Wurzel

Leinwanddruck (2014)

Format 40 x 40 cm

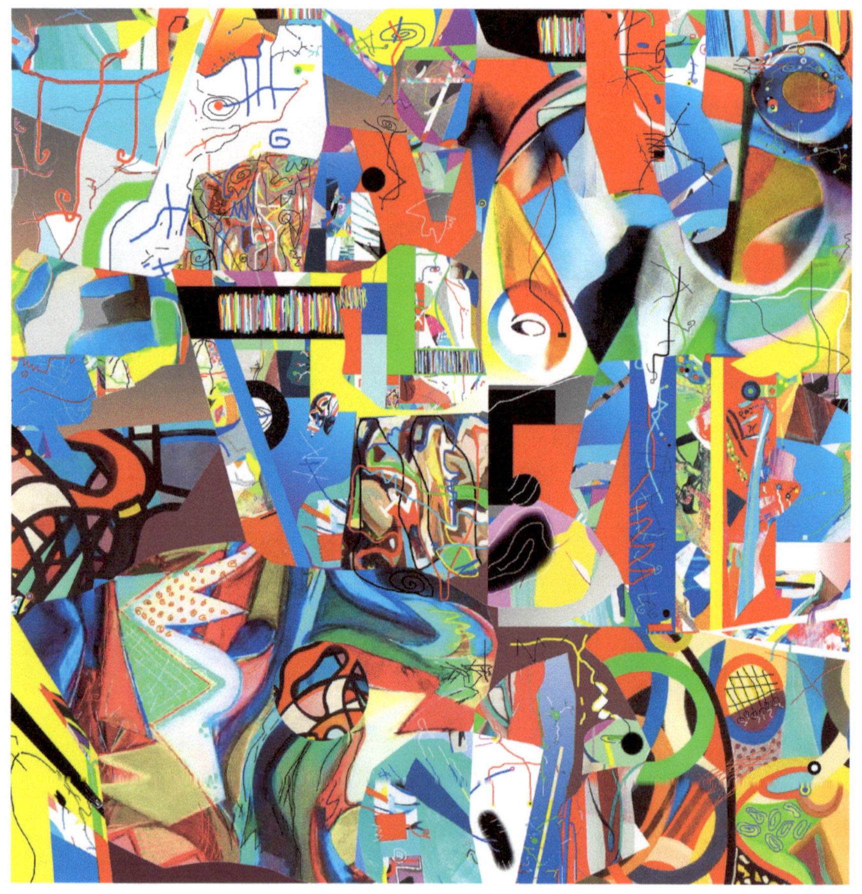

2 Vergessene Ringe

Leinwanddruck (2014)

Format 40 x 40 cm

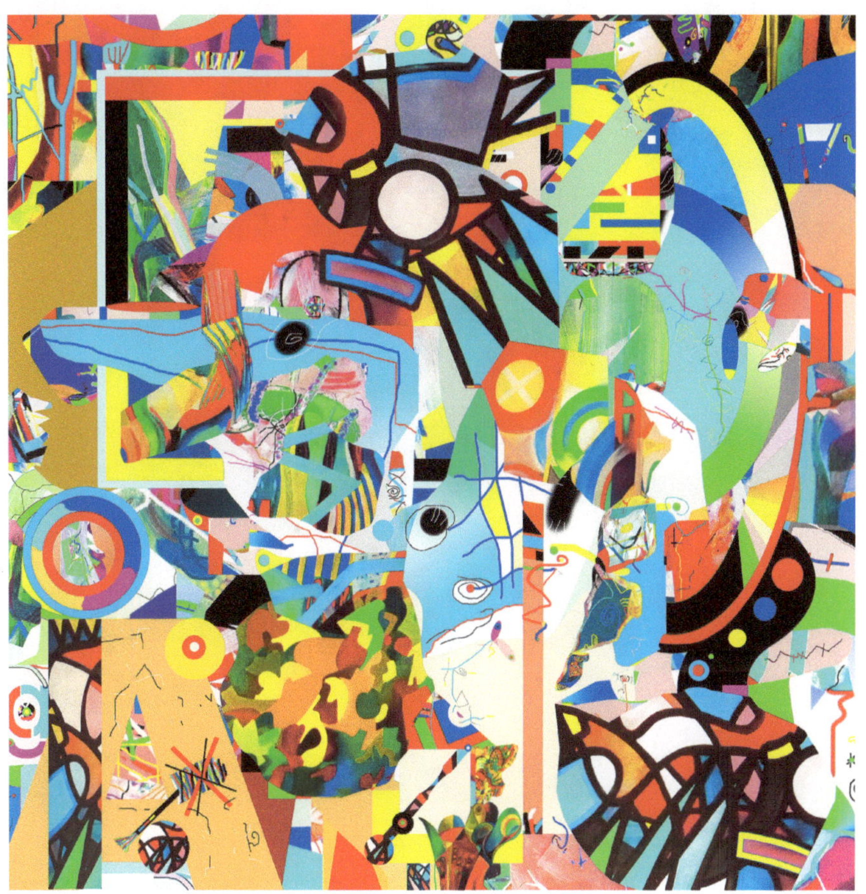

3 Gelber Regenbogen

Leinwanddruck (2014

Format 40 x 40 cm

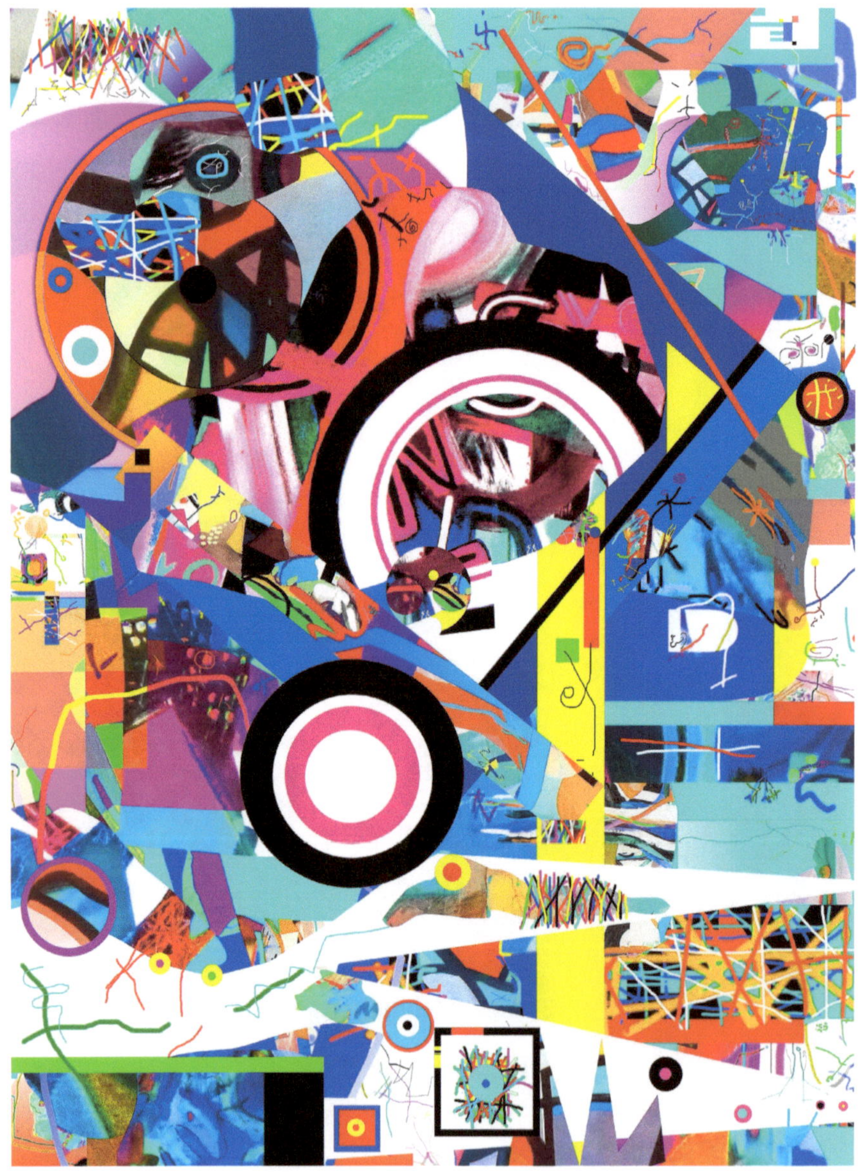

4 Wachsende Kreise

Leinwanddruck (2014)

Format 60 x 80 cm

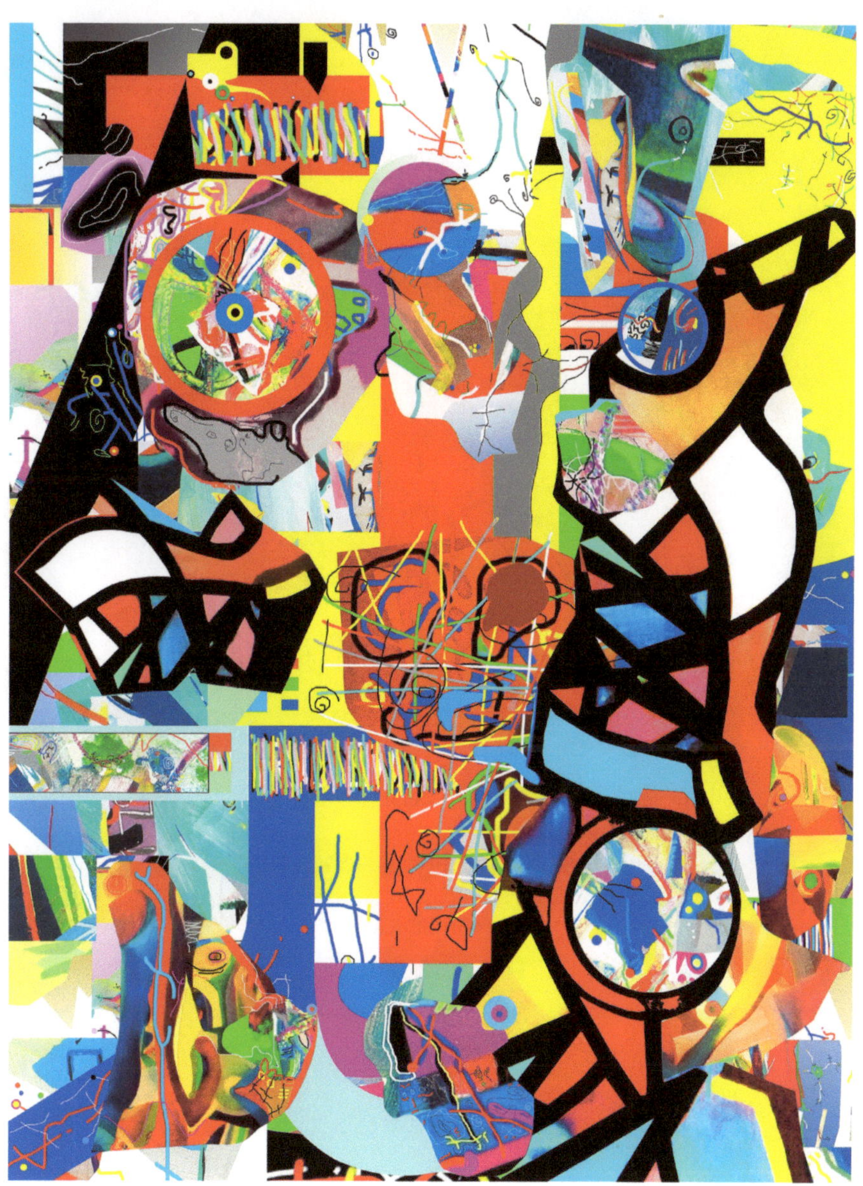

5 Neugieriger Maulwurf

Leinwanddruck (2014)

Format 60 x 80 cm

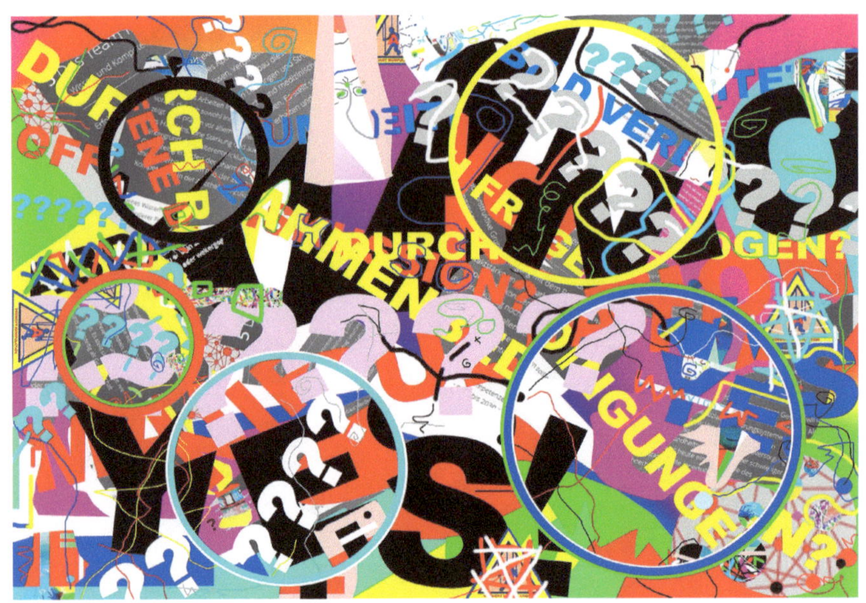

6 Leitbild mit olympischen Ringen

Leinwanddruck (2012)

Format 100 x 150 cm

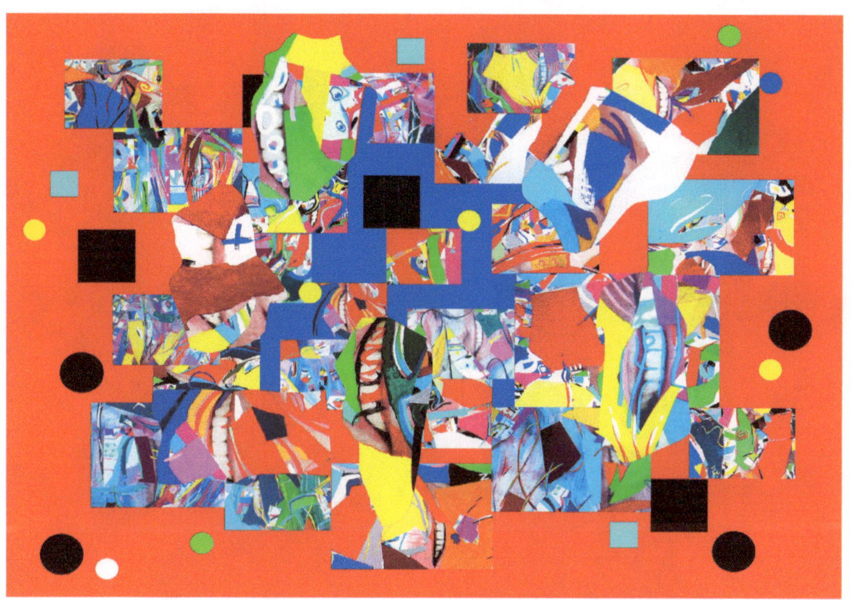

7   Das mehrmalige Lächeln der Rudi Lisa

Leinwanddruck (2012

Format 100 x 150 cm

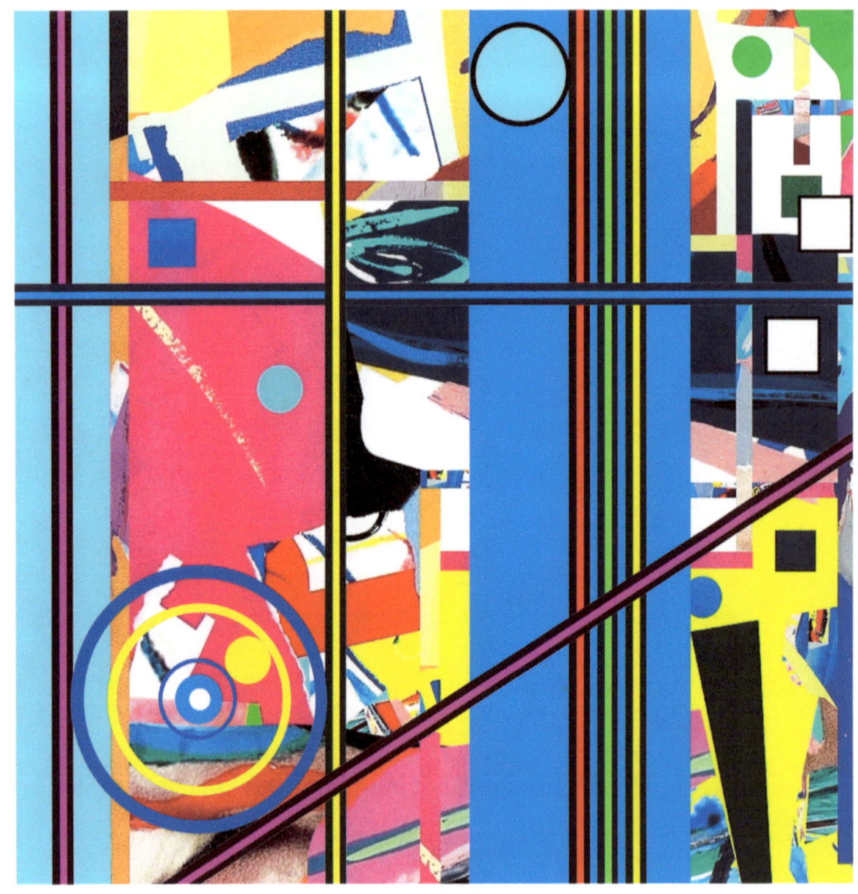

8 Hellblauer und blauer Fluss

Leinwanddruck (2016)

Format 100 x 100 cm

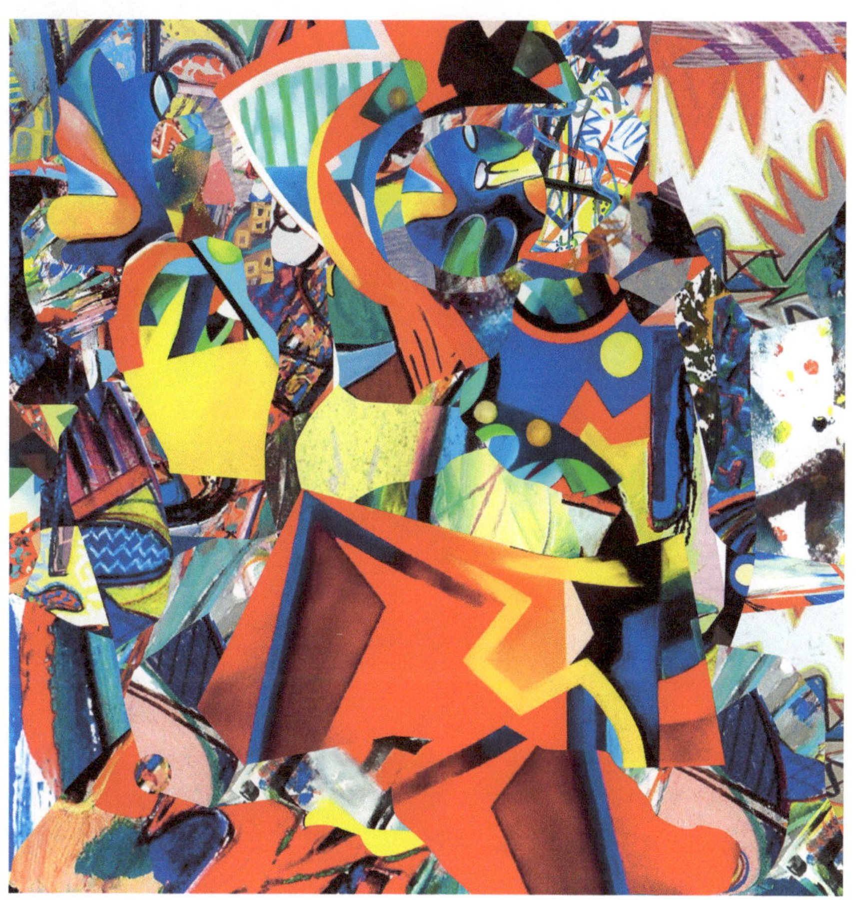

9   Zimmergewitter

Leinwanddruck (2016)

Format 60 x 60 cm

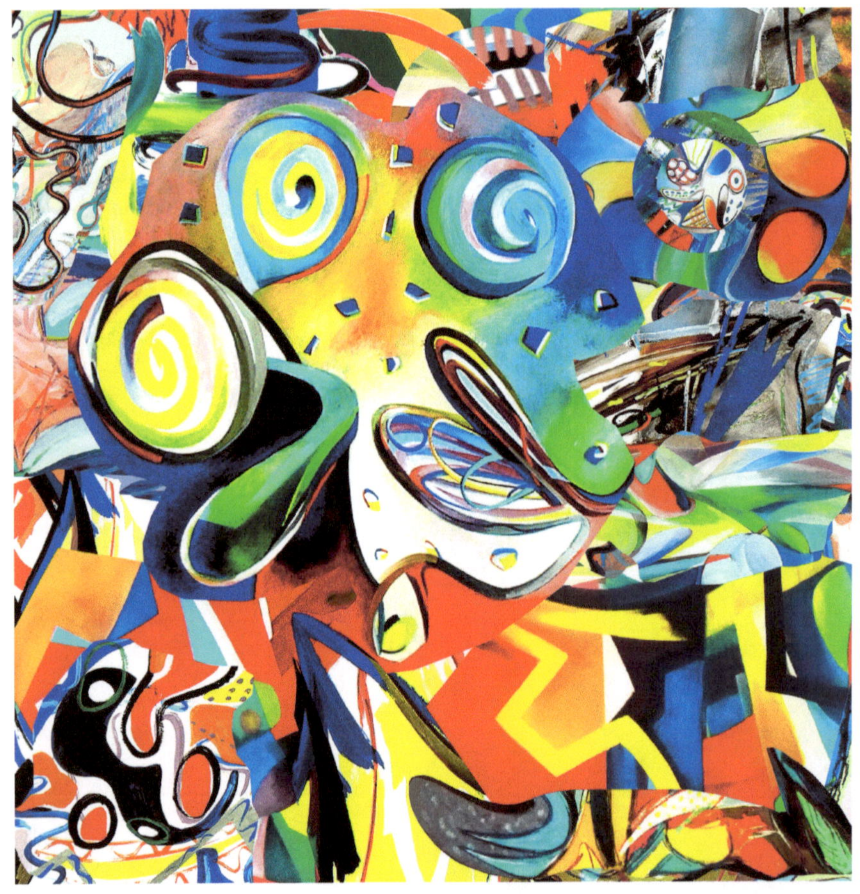

10   Der Planet lebt

Leinwanddruck (2016)

Format 60 x 60 cm

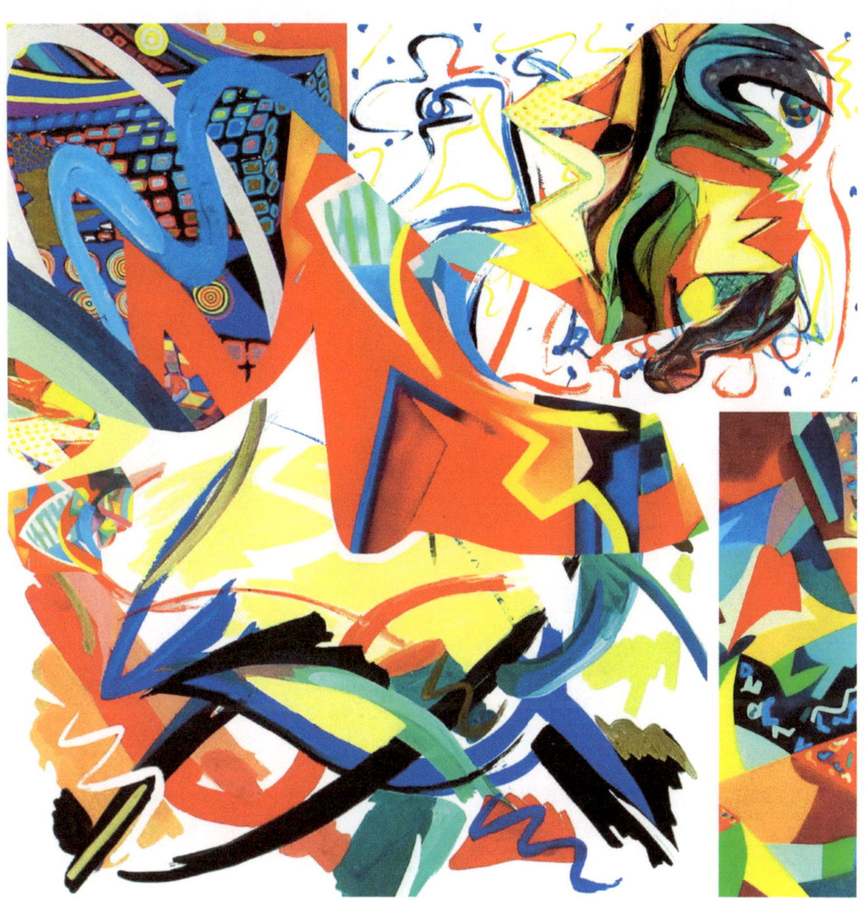

11   Feuer in der Luft

Leinwanddruck (2016)

Format 60 x 60 cm

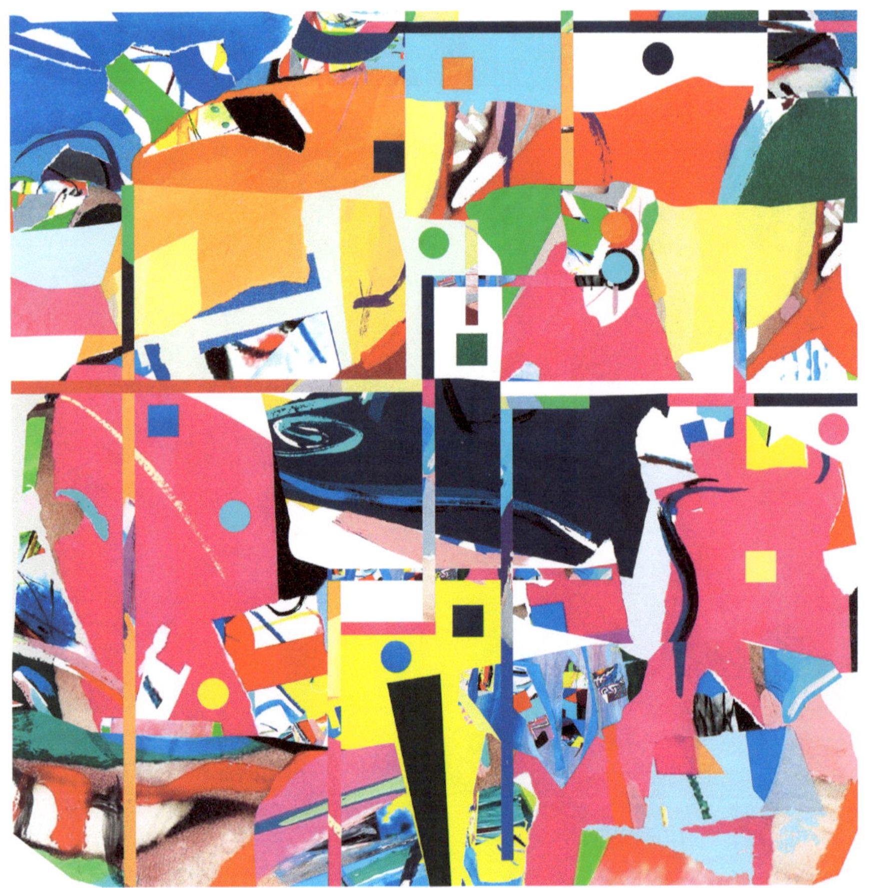

12 Meridiane Landschaft

Leinwanddruck (2016)

Format 60 x 60 cm

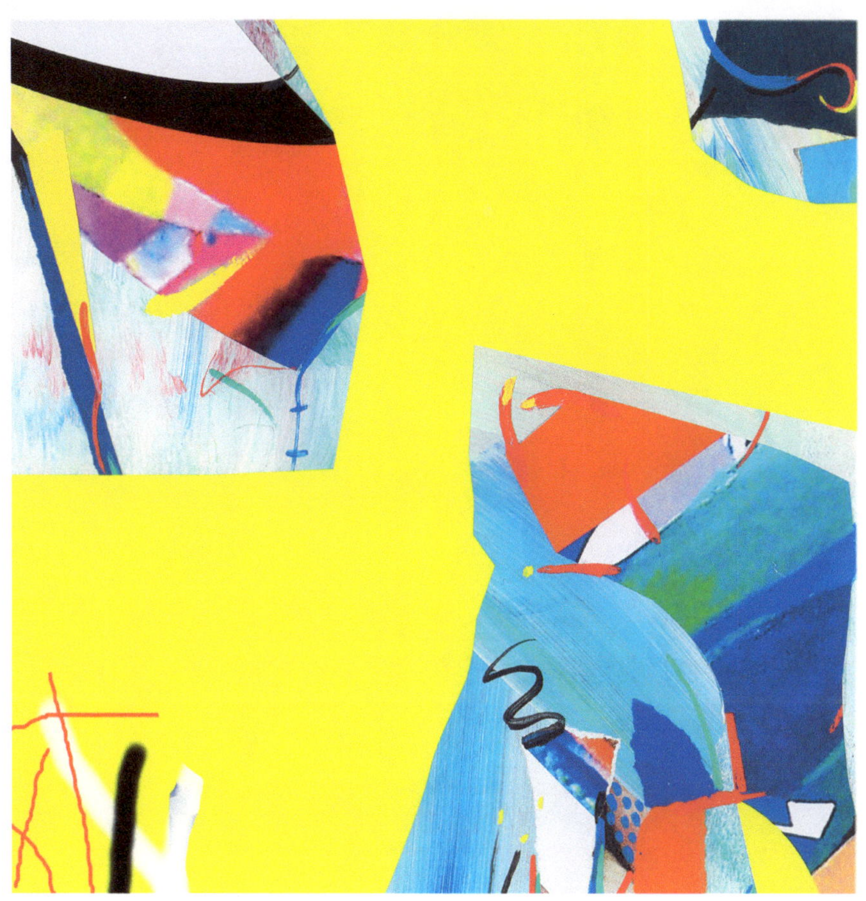

13 Kaninchen aus dem Hut

Leinwanddruck (2016)

Format 60 x 60 cm

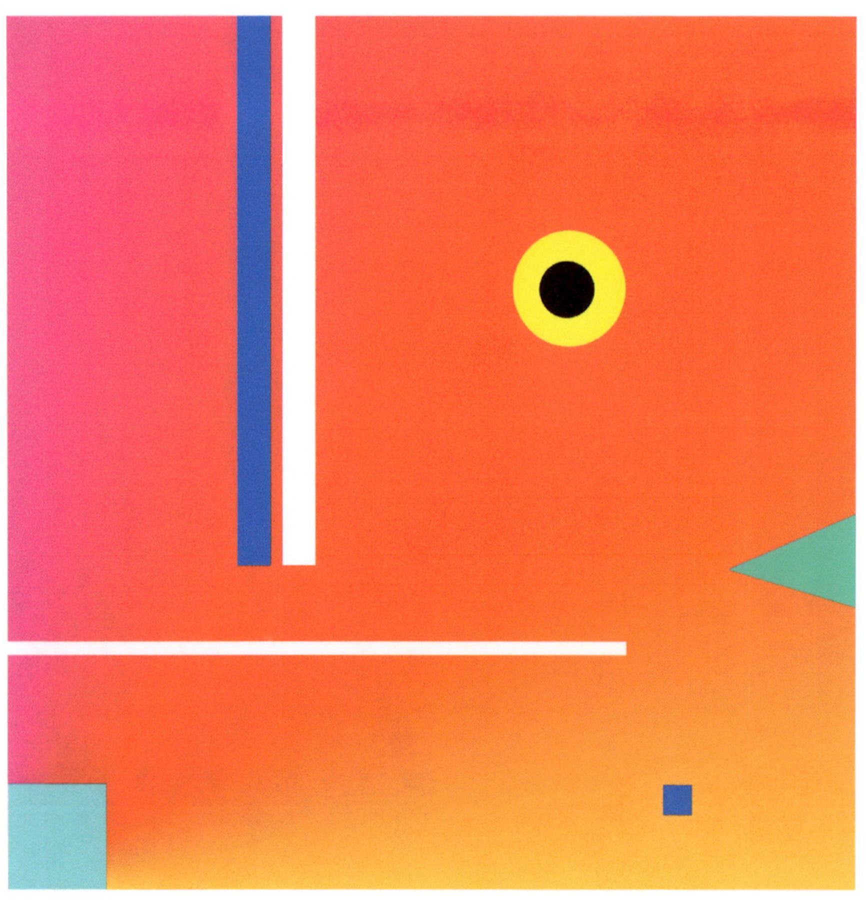

14   Kleiner Miesmacher

Leinwanddruck (2016)

Format 60 x 60 cm

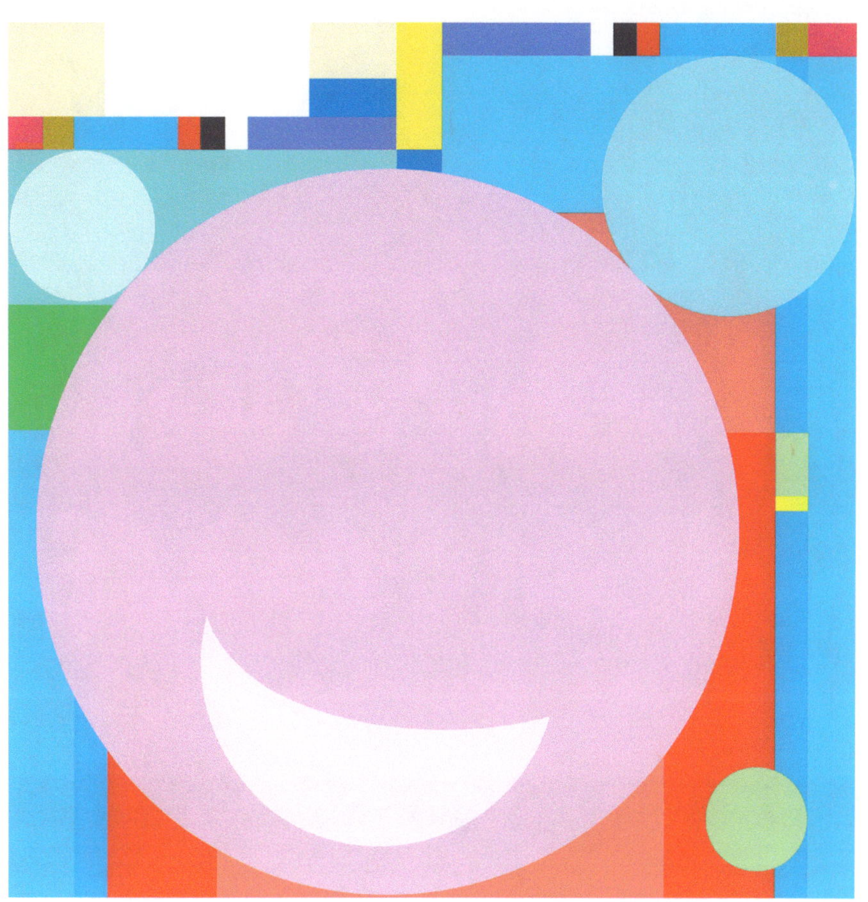

15   Smiley ohne Augen

Leinwanddruck (2016)

Format 60 x 60 cm

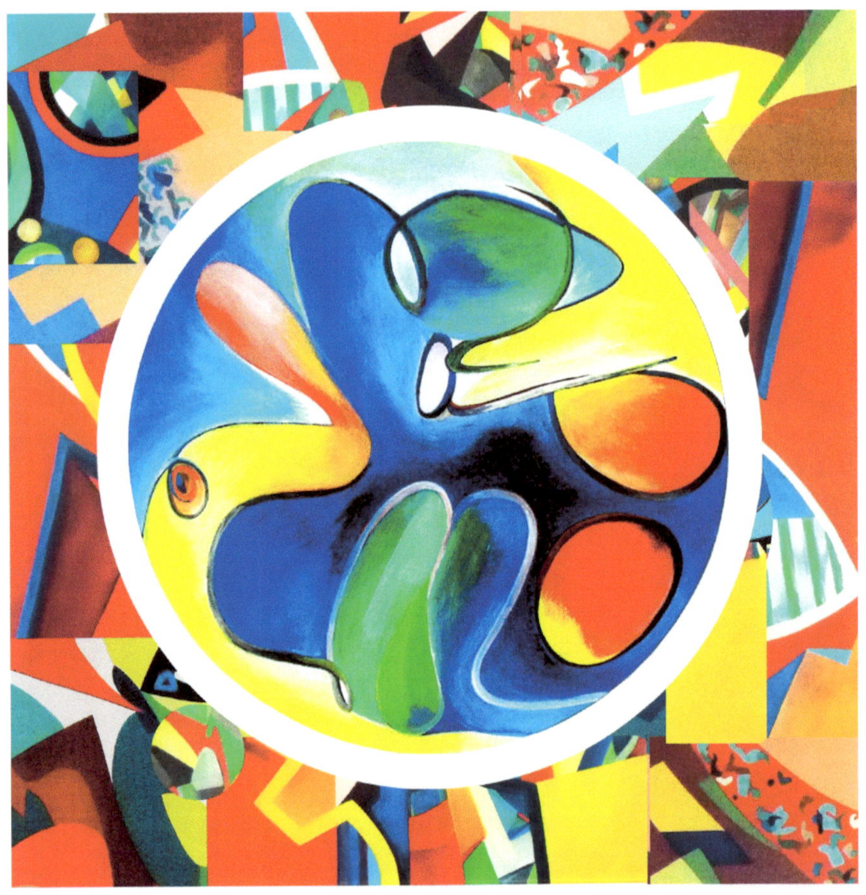

16   Gedrucktes WinApo

Leinwanddruck (2016)

Format 60 x 60 cm

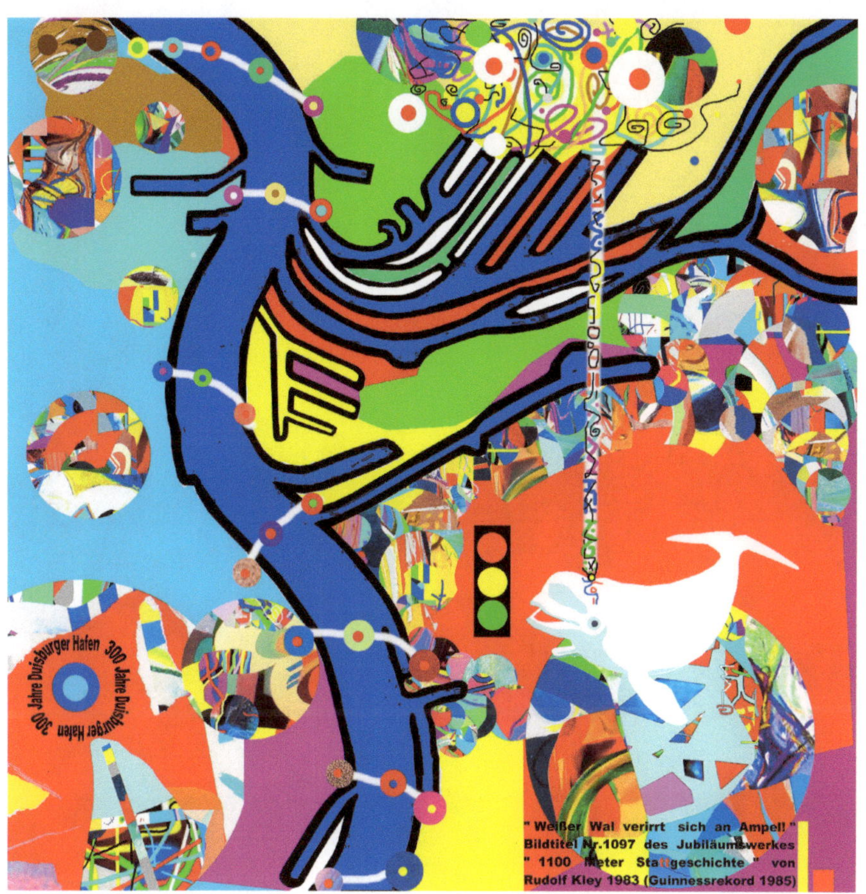

17 Hafenruhm

Leinwanddruck (2016)

Format 60 x 60 cm

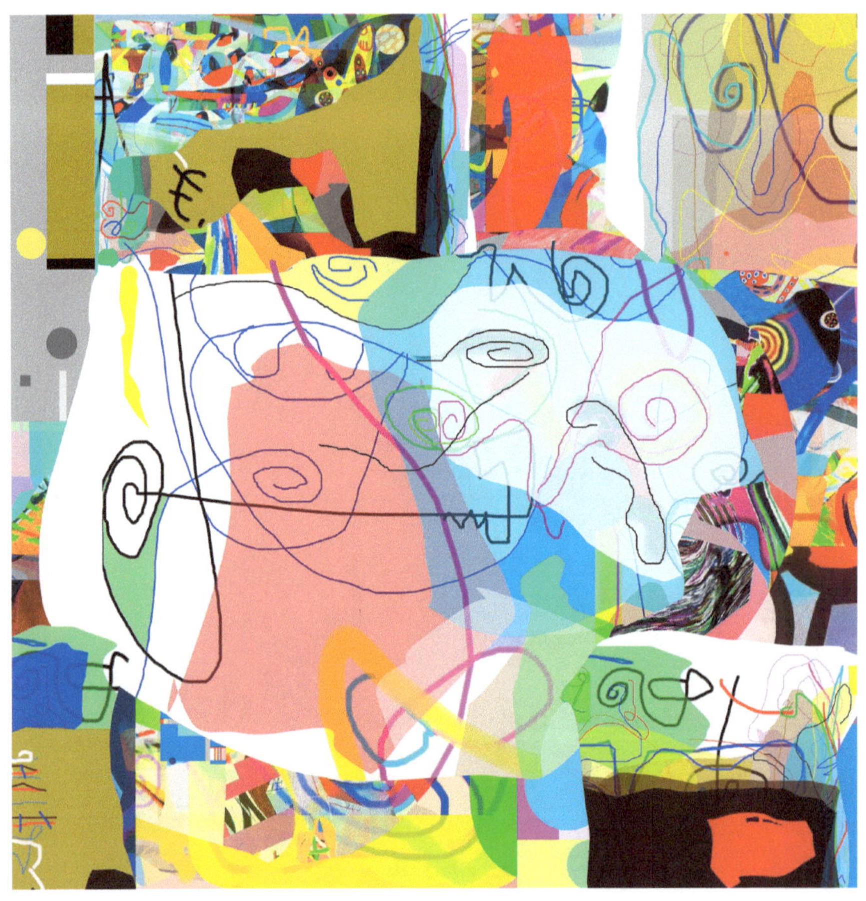

18   Schlangenlinien

Leinwanddruck (2016)

Format 60 x 60 cm

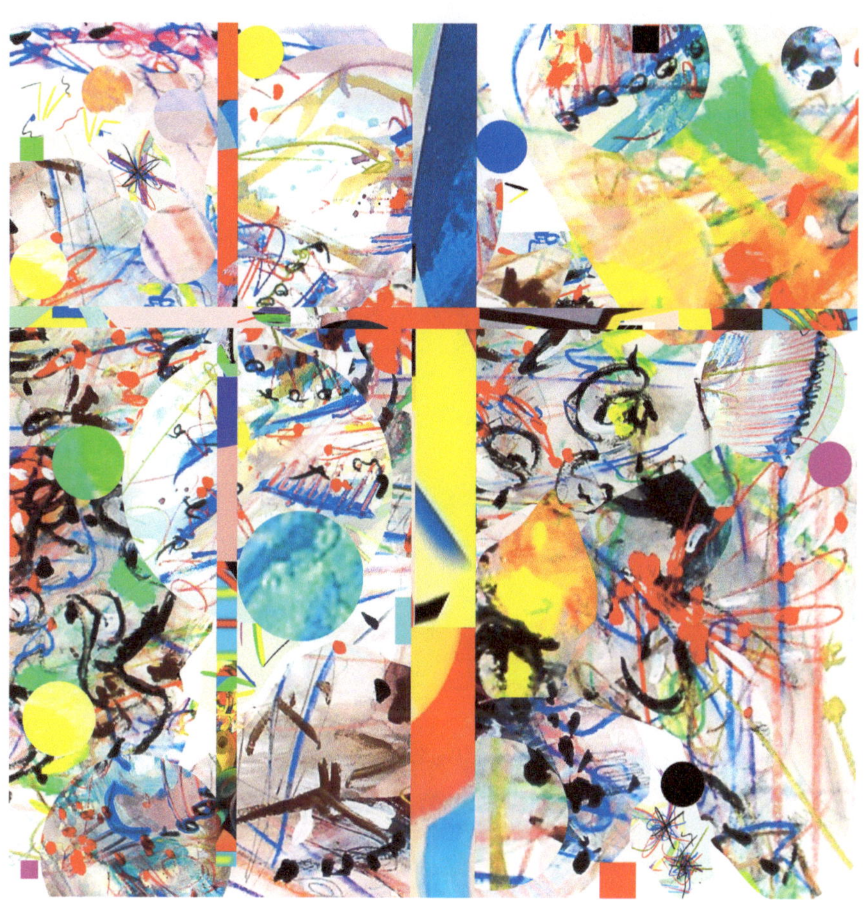

19   Schwert mit Pfeil

Leinwanddruck (2016)

Format 60 x 60 cm

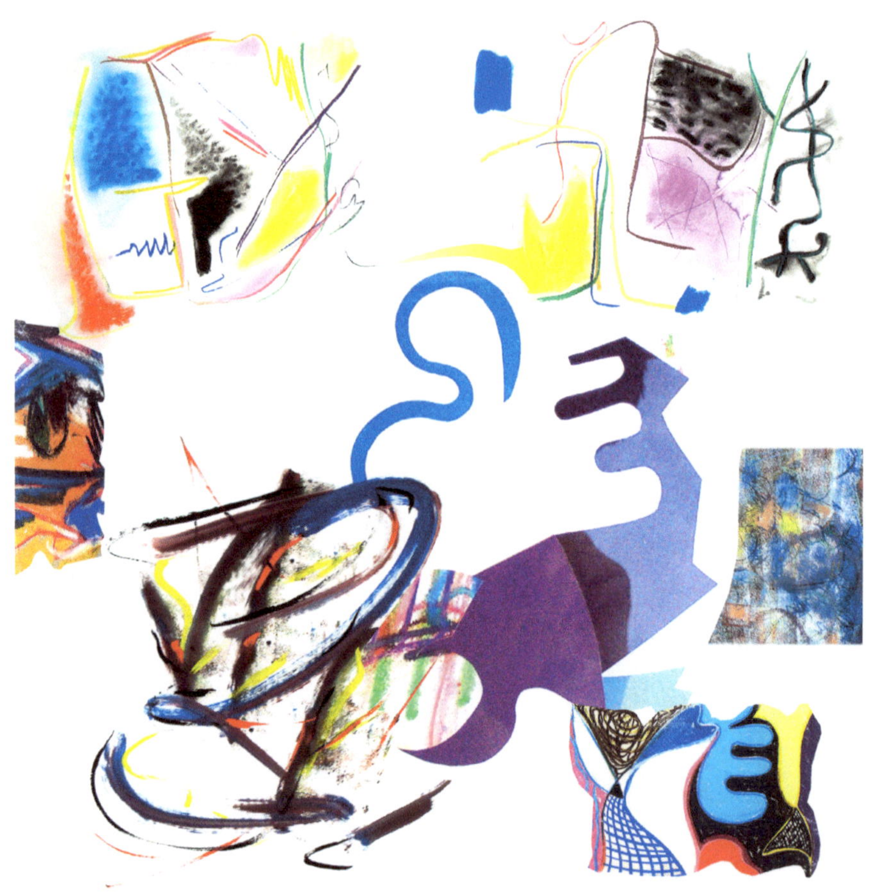

20 Das "Wenn" und "Aber"

Leinwanddruck (2016)
Format 60 x 60 cm

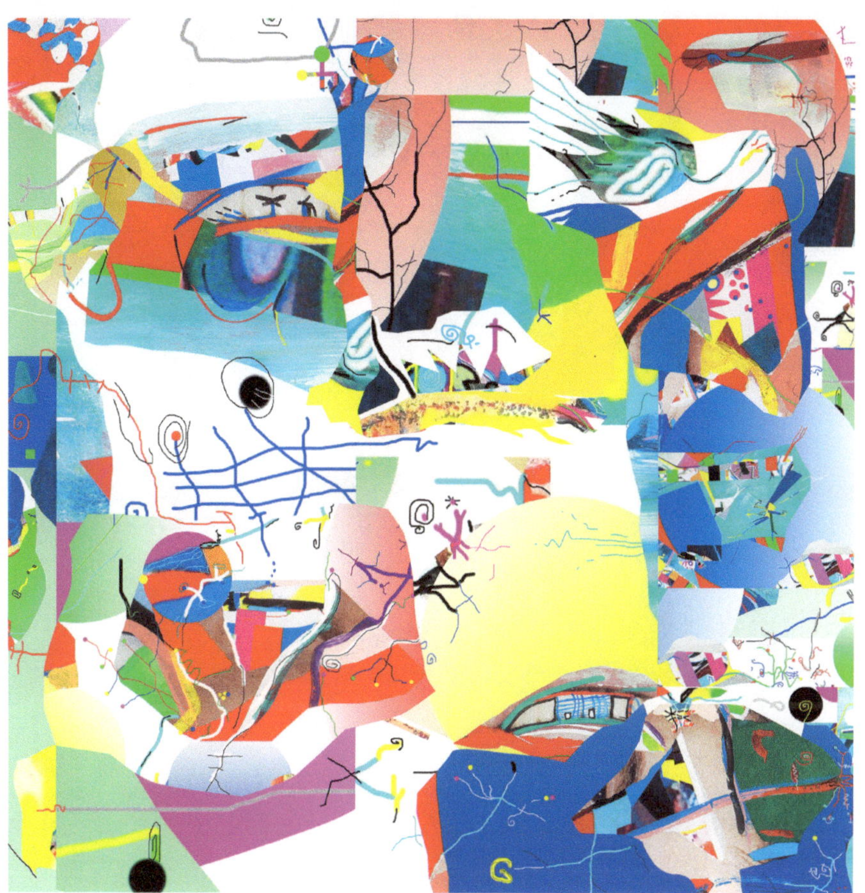

21 Geflügeltes Bein

Leinwanddruck (2016)

Format 60 x 60 cm

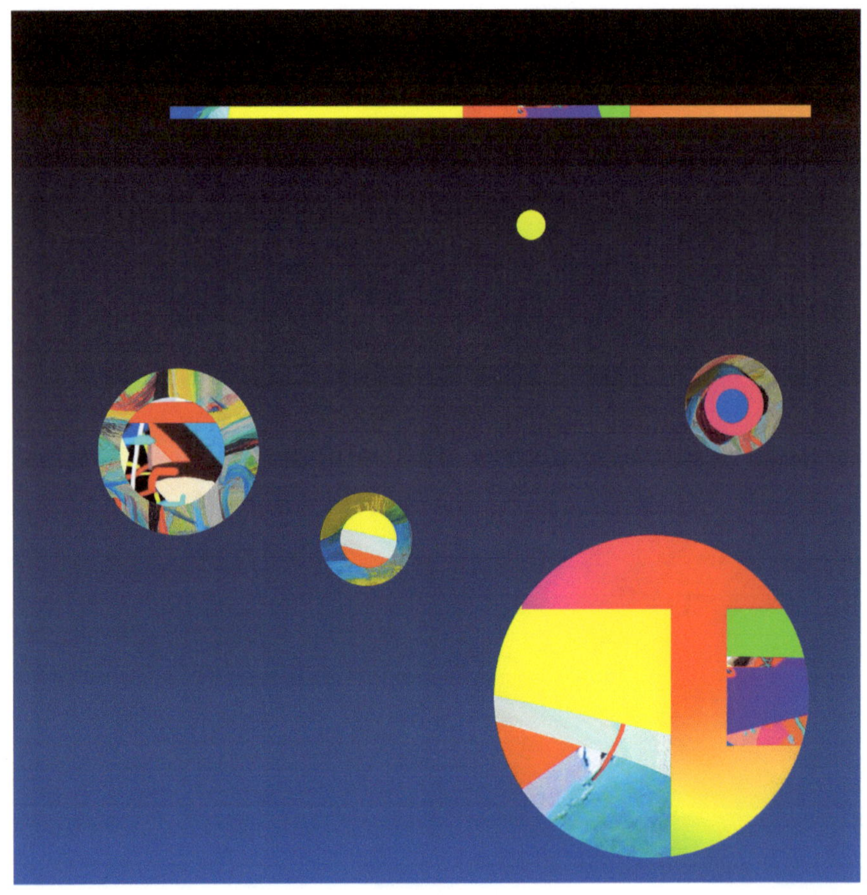

22 Mondnacht

Leinwanddruck (2016)

Format 60 x 60 cm

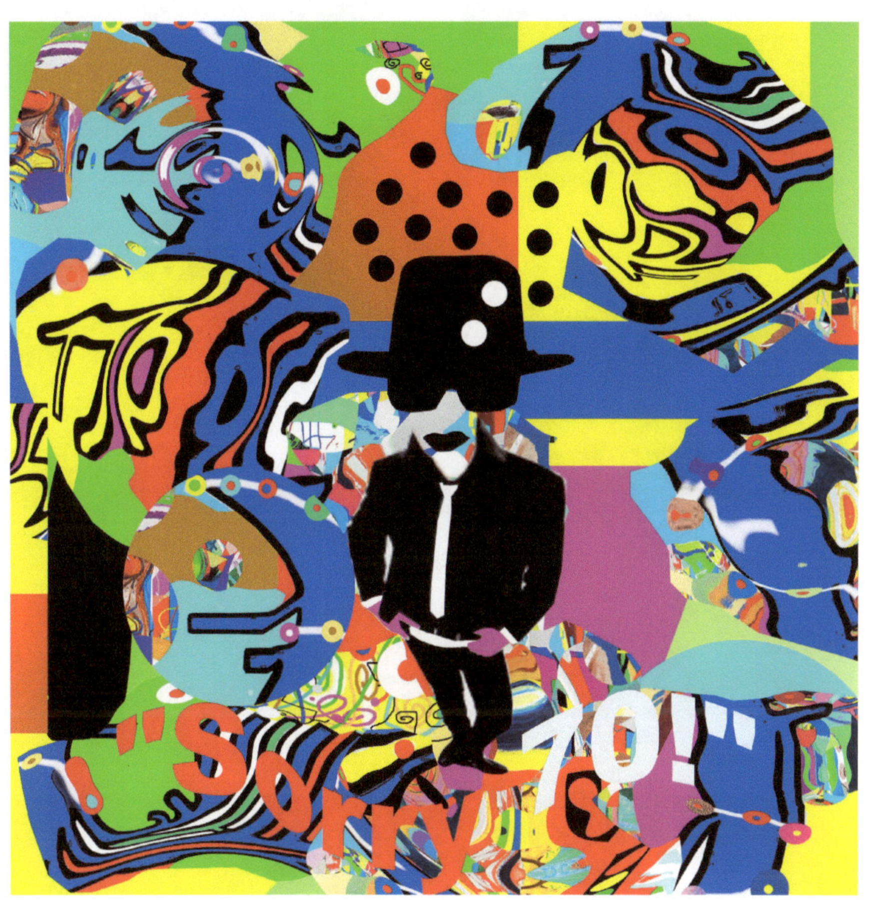

23 Ja Udo oder Nein

Leinwanddruck (2016)

Format 60 x 60 cm

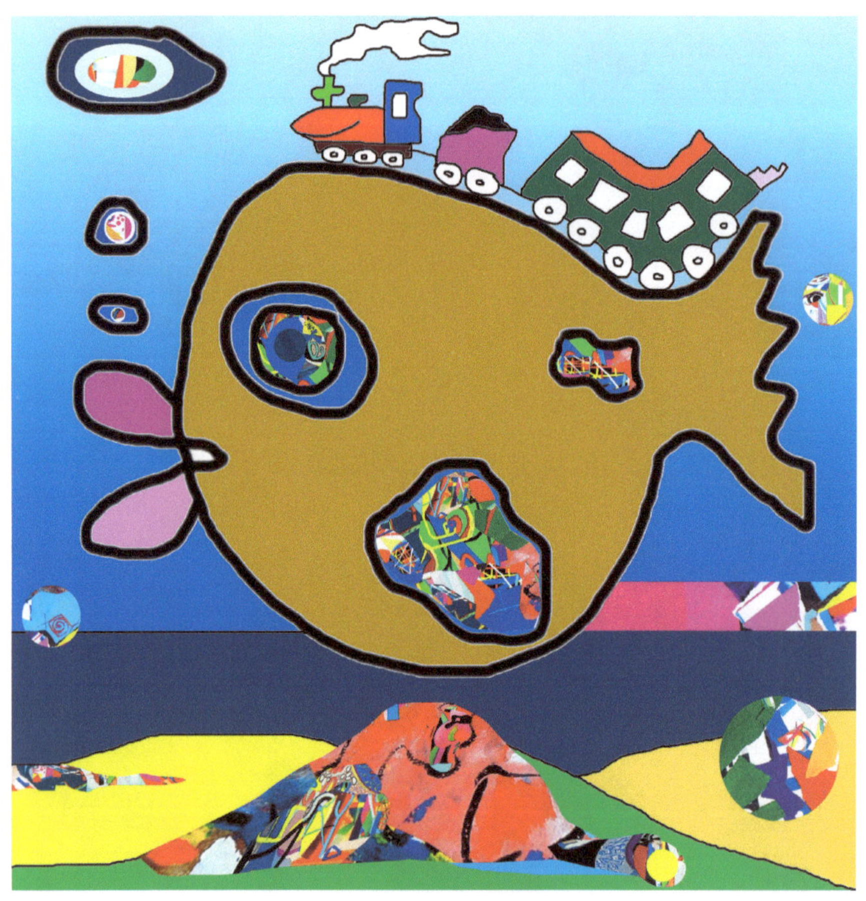

24 Unterwasserbahn

Leinwanddruck (2016)

Format 60 x 60 cm

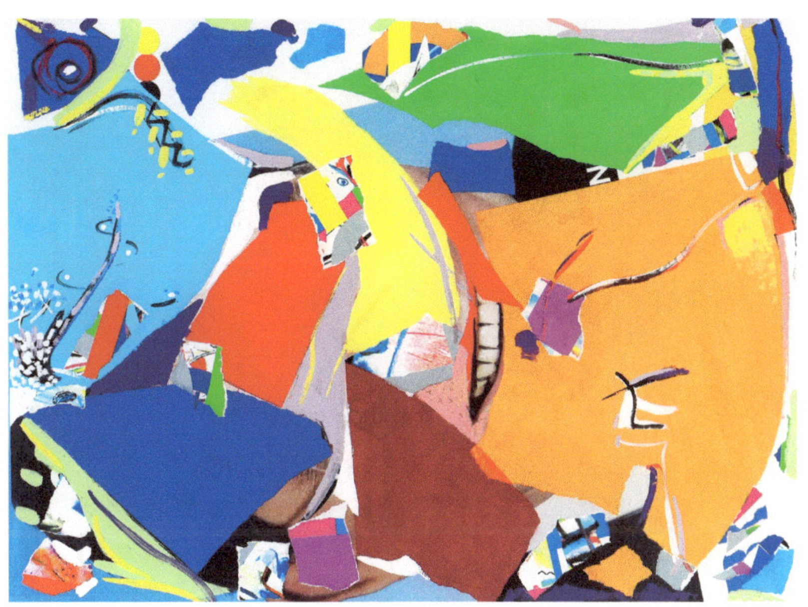

25 Links ist kälter als rechts

Plakat (2012)

Format 59 x 42 cm

Unikat aus der Serie "bemalter OB"

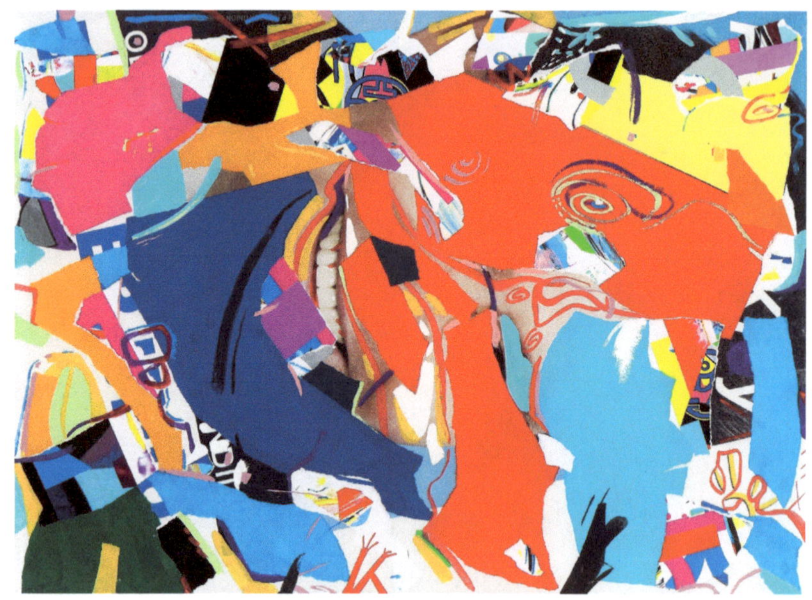

26 Roter Schrecken mit Buckel

Plakat (2012)

Format 59 x 42 cm

Unikat aus der Serie "bemalter OB"

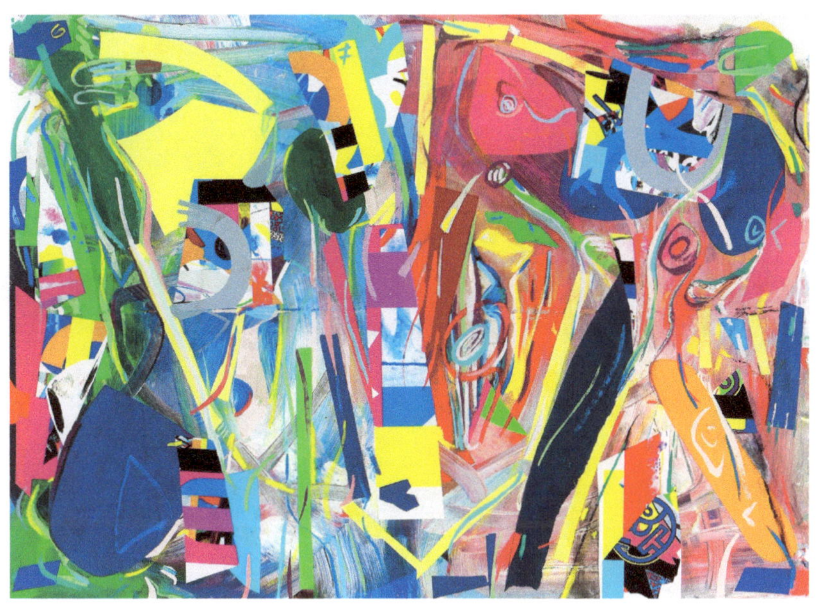

27 Es grünt mir so

Plakat (2012)

Format 59 x 42 cm

Unikat aus der Serie "bemalter OB"

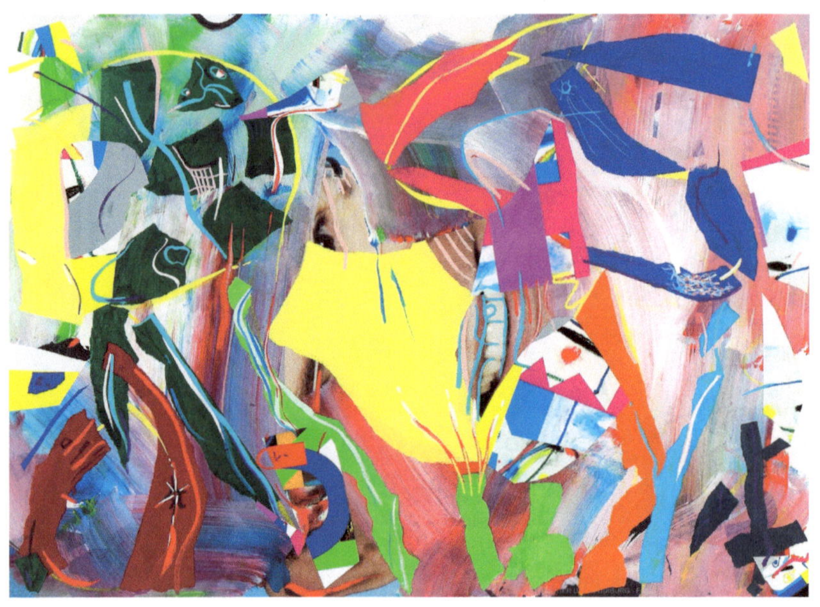

28 Alles Gute beginnt mit R

Plakat (2012)

Fo**r**mat 59 X 42 CM

*Unikat*aus der Serie "*bemalter* OB"

Rudolf Kley   Von Hier bis Hier

Hängeplan Kulturwerkstatt

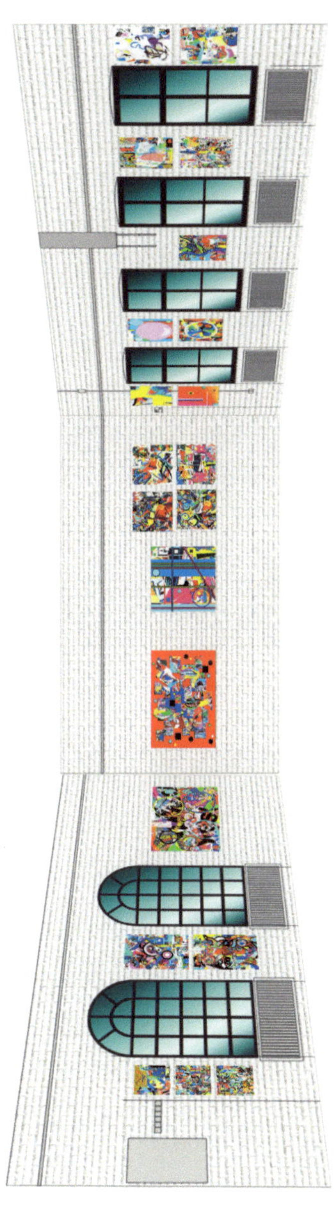

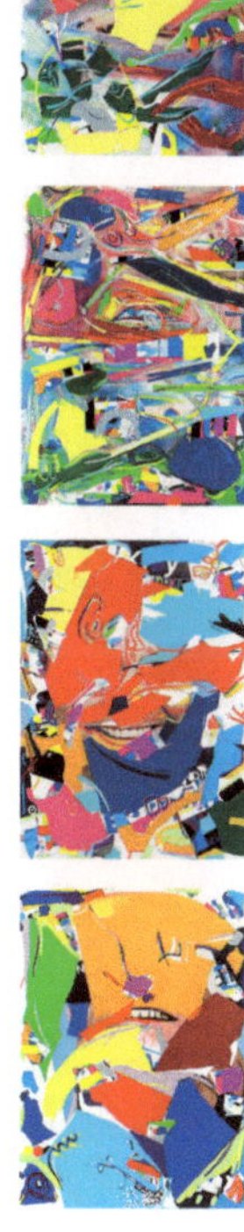

Grafikhülle

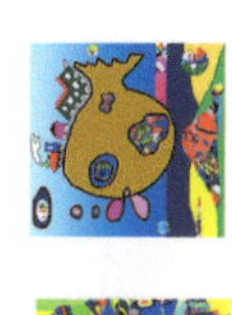
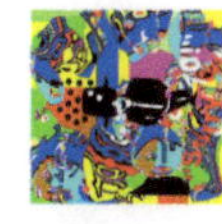
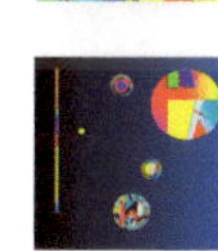

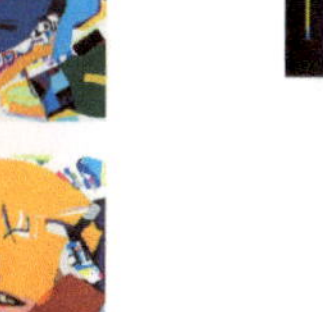

Stirnwand Theke

Ausstellung in der Kulturwerkstatt Meiderich

Maßskizze Kulturwerkstatt

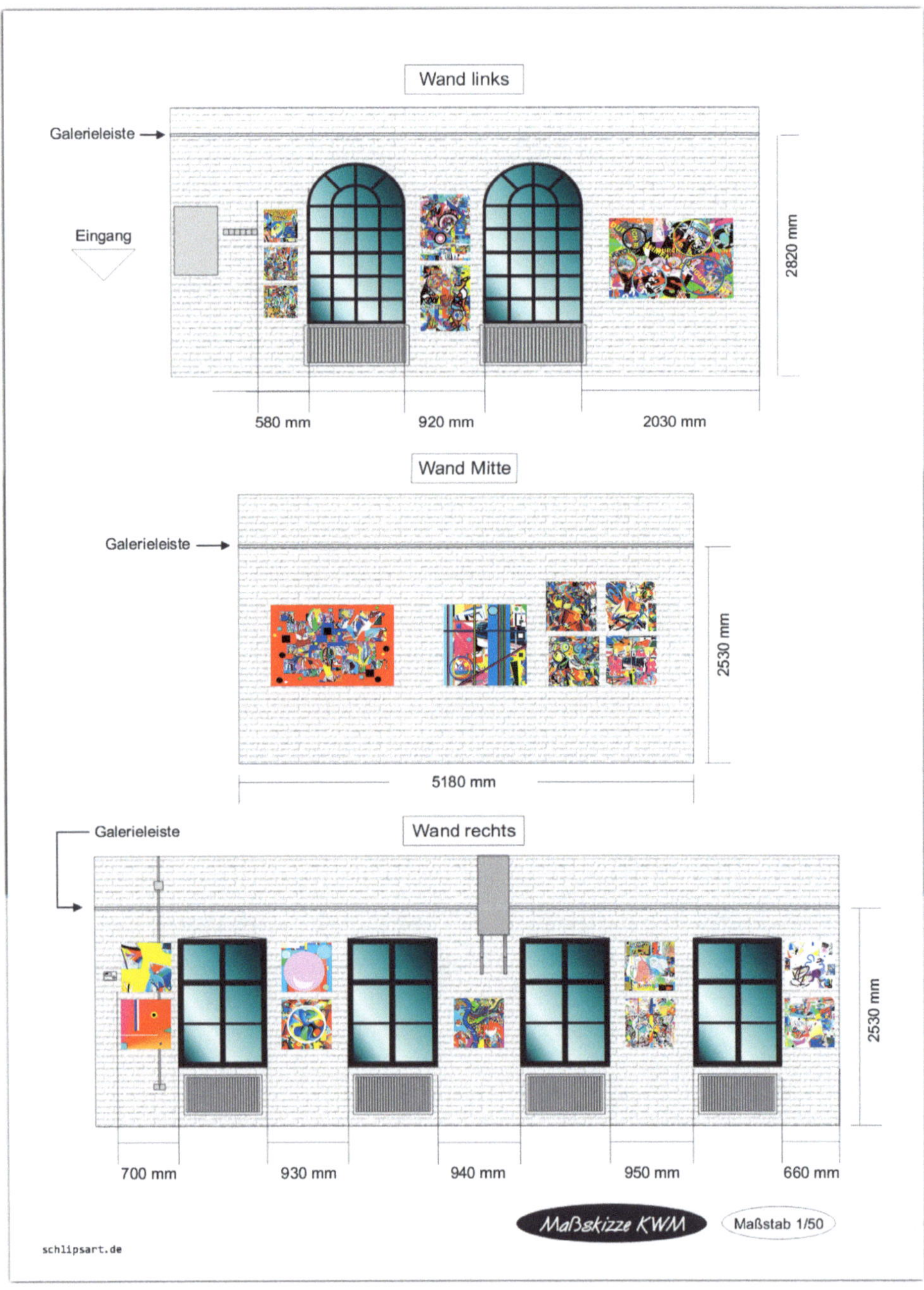

Biografisches

An einem Sonntag vor 60 Jahren, am 22. Dez. 1946, wird der Meidericher Apotheker, Maler und Aktionskünstler Rudolf Kley in Wolfenbüttel (Niedersachsen bei Braunschweig) geboren. Er hat zwei Brüder. Die Familie zieht 1951 nach Duisburg - Meiderich, weil der Vater hier die Leitung der Schlackenverwertung der Phoenix Rheinrohr übernimmt. In Meiderich besucht Rudolf Kley die Schule an der Stolze- Straße und das Max-Planck-Gymnasium.

Seit 50 Jahren ist er mit der Pharmazie verbunden. Seitdem er denken kann, zeichnet und malt er auch. Da der Wunsch nach Gründung einer Familie für ihn außer Frage stand, wählte er Pharmazie und nicht Kunst als Brotberuf. Damit folgte er seinen naturwissenschaftlichen Neigungen. Sein Studium in Mainz brachte ihm den „Mutschler" näher und prägte ihn. Im Nov. 1976 machte er sich mit der Löwen-Apotheke in Duisburg-Meiderich selbstständig. Ende Sept. 2015 schloss er seine Apotheke.

Schon früh hatte die Kunst den Apotheker wieder eingeholt. Seine Frau Elke eröffnete 1977 die Galerie 77 gegenüber der Apotheke. Rudolf Kley pflegte den Kontakt zu den Künstlern und kümmerte sich um ihre Ausstellungen. Noch 1977 bereitete er für das Jahr 1978 den ersten Kunstmarkt in Meiderich vor. Über 130 Künstler aus dem In- und Ausland kamen. 1978 folgte die Gründung der Kulturwerkstatt Meiderich, die noch heute existiert und 2017 den 40. Kunstmarkt in Meiderich durchführen wird.

Mit der Gründung der Kulturwerkstatt und dem Kunstmarkt als Anregung verfolgte Rudolf Kley das Ziel, kreativem Schaffen in Meiderich ein Zuhause zu geben und Prävention zu betreiben. Erfolgserlebnisse und Ablenkung von Problemen sollten Menschen bei der Verarbeitung ungünstiger Lebenssituationen helfen, sie vor Missbrauch von Genussmitteln, Tabletten und vor Einsamkeit schützen. Der Umgang mit Kunst und Künstlern motivierte ihn. Er fing wieder an zu malen. Rudolf Kley äußerte sich zwar in der Fachpresse noch zu tagesaktuellen Themen, griff diese auch künstlerisch auf, stellte aber die Suche nach dem großen Wurf ein, der den Berufsstand eventuell retten könnte. Vielleicht ist daran auch der Schlaganfall mit Nahtod-Erfahrung schuld, den er 2007 erlitt. Ein Jahr zuvor, in seinem sechzigsten Lebensjahr, hatte er noch jeden Tag eine Grafik, eine so genannte „Tagesgrafik", für seine Patienten gemacht. Eine große Ausstellung in der Deutschen Bank ruft ihn 2014 in sein künstlerisches Leben zurück. 67 ausdrucksstarke Werke aus über 50 Jahren belegen seine persönliche Entwicklung. So verschieden sie auch sind, überall erkennt man den „Kley". Zu seinem Geburtstag 2016 hat er während seines 70. Lebensjahres 366 Grafiken fertiggestellt. Man findet sie im Netz unter „www.rudolf-kley.de". Es sind digitale Collagen. Viele ältere Arbeiten tauchen hier in Facetten auf den Originalgrafiken, Drucken auf.

„Ein mutiger Maler, der Impressionen in elementar starke Farbflächen um- zusetzen weiß und trotz fauvister Farbgebung nie das harmonische Ganze zerstört. Er sucht die Auseinandersetzung mit der Natur, experimentiert mit unbeirrbaren Willen ohne Unsicherheit zu zeigen und prägt klare Archetypen. Sein Werk hinterlässt im Beschauer den nachhaltigen Eindruck geballter Farbkraft eines glaubhaften und enorm aktiven Künstlers."

Franz Milan Wirth, Wien (Nov. 1978)

www.ingramcontent.com/pod-product-compliance
Lightning Source LLC
LaVergne TN
LVHW051456180726
843512LV00001B/50